Geirlyfr y Lolfa Wordbook

Y Rhifolion

Welsh Numerals

D. Geraint Lewis

Argraffiad cyntaf: 2022

© Hawlfraint D. Geraint Lewis a'r Lolfa Cyf., 2022

Mae hawlfraint ar gynnwys y llyfr hwn ac mae'n anghyfreithlon llungopïo neu atgynhyrchu unrhyw ran ohono trwy unrhyw ddull ac at unrhyw bwrpas (ar wahân i adolygu) heb gytundeb ysgrifenedig y cyhoeddwyr ymlaen llaw

Cynllun y clawr: Richard Huw Pritchard

Rhif Llyfr Rhyngwladol: 978 1 80099 287 0

Cyhoeddwyd ac argraffwyd yng Nghymru
ar bapur o goedwigoedd cynaliadwy gan
Y Lolfa Cyf., Talybont, Ceredigion SY24 5HE
e-bost ylolfa@ylolfa.com
gwefan www.ylolfa.com
ffôn 01970 832 304
ffacs 01970 832 782

Cyflwyniad

System 'hybrid' o gyfrif sy'n gweithio yn Gymraeg, un sy'n defnyddio'r hen ffordd draddodiadol i gyfrif enwau unigol fesul 5 neu 10 a system gyfoes ddigidol yn cyfrif enwau lluosog. Mae'r hen system 'bumol' yn caniatáu gwahaniaethau rhwng enwau gwrywaidd a benywaidd ac yn cael ei defnyddio i gyfrif hyd at 12, i ddweud yr amser, ac i nodi dyddiadau. Y system gyfoes a ddefnyddir o 12 ymlaen.

Welsh employs a hybrid system, retaining the traditional system of counting singular nouns in groups of 5 and 10, and a contemporary digital system using plural nouns. The traditional system is used for numbers 1–12 and the contemporary system thereafter.
The following tables are provided:

1. Faint o'r gloch   What's the time
2. Arian   Money
3. Blynyddoedd/Oedran   Years/Age
4. Trefnolion/dyddiadau   Ordinal numbers/dates
5. Mesurau degol   Metric measurement
6. Ffracsiynau   Fractions
7. Pa flwyddyn   Year numbers

Diolchiadau

Pleser yw diolch unwaith yn rhagor i Wasg y Lolfa am ei gofal gyda'r gyfrol ac i'w golygyddion am bob cymorth gyda'r testun. Fy eiddo i yw unrhyw fefl a erys.

D. Geraint Lewis
Llangwrddon

Patrwm Traddodiadol hyd at bump

un 1	bachgen	ar ddeg 11	ar bymtheg 16	ar hugain 21	ar ddeg ar hugain 31
un	ferch	ar ddeg	ar bymtheg	ar hugain	ar ddeg ar hugain
dau 2	fachgen	(deuddeg)	ar bymtheg 17	ar hugain 22	(deuddeg) ar hugain 32
dwy	ferch	(deuddeg)	ar bymtheg	ar hugain	(deuddeg) ar hugain
tri 3	bachgen	ar ddeg 13	(deunaw) 18	ar hugain 23	ar ddeg ar hugain 33
tair	merch	ar ddeg	(deunaw)	ar hugain	ar ddeg ar hugain
pedwar 4	bachgen	ar ddeg 14	ar bymtheg 19	ar hugain 24	ar ddeg ar hugain 34
pedair	merch	ar ddeg	ar bymtheg	ar hugain	ar ddeg ar hugain

The traditional masculine and feminine nouns up to 5

un 1	bachgen	ar ddeg 11	ar bymtheg 16	ar hugain 21	ar ddeg ar hugain 31
un	ferch	ar ddeg	ar bymtheg	ar hugain	ar ddeg ar hugain
dau 2	fachgen	(deuddeg)	ar bymtheg 17	ar hugain 22	(deuddeg) ar hugain 32
dwy	ferch	(deuddeg)	ar bymtheg	ar hugain	(deuddeg) ar hugain
tri 3	bachgen	ar ddeg 13	(deunaw) 18	ar hugain 23	ar ddeg ar hugain 33
tair	merch	ar ddeg	(deunaw)	ar hugain	ar ddeg ar hugain
pedwar 4	bachgen	ar ddeg 14	ar bymtheg 19	ar hugain 24	ar ddeg ar hugain 34
pedair	merch	ar ddeg	ar bymtheg	ar hugain	ar ddeg ar hugain

Y Rhifolion Gwrywaidd
(TM Treiglad Meddal; TLl Treiglad Llaes)

	Gwrywaidd	Treiglad	Enghraifft	Sylwch
0	dim			
1	un	dim	un ci	
2	dau	TM	dau **g**i	mae 'dau' yn treiglo yn dilyn 'y': y **dd**au **g**i
3	tri	TLl	tri **ch**i	
4	pedwar	dim	pedwar ci	
5	pump	dim	pum ci	defnyddiwch 'pum' pan ddaw yn syth o flaen enw
6	chwech	TLl	chwe **ch**i	defnyddiwch 'chwe' pan ddaw yn syth o flaen enw
7	saith	dim	saith ci	
8	wyth	dim	wyth ci	yr wyth
9	naw	dim	naw ci	
10	deg	dim	deg ci	

The Masculine Numerals
(TM Treiglad Meddal; TLl Treiglad Llaes)

	Masculine	Mutation triggered	Example	Note
0	dim			
1	un	none	un ci	
2	dau	TM	dau **g**i	'dau' mutates after 'y': y **dd**au **g**i
3	tri	TLl	tri **ch**i	
4	pedwar	none	pedwar ci	
5	pump	none	pum ci	'pump' becomes 'pum' when placed directly before a noun
6	chwech	TLl	chwe **ch**i	'chwech' becomes 'chwe' when placed directly before a noun
7	saith	none	saith ci	
8	wyth	none	wyth ci	yr wyth
9	naw	none	naw ci	
10	deg	none	deg ci	

Y Rhifolion Benywaidd

(TM Treiglad Meddal; TLl Treiglad Llaes)

	Benyw	Treiglad	Enghraifft	Sylwch
0	dim			
1	un	TM	un **g**ath	
2	dwy	TM	dwy **g**ath	mae 'dwy' yn treiglo yn dilyn 'y': y **dd**wy **g**ath
3	tair	dim	tair cath	er bod 'tair' yn fenywaidd **nid** yw'n treiglo ar ôl 'y'
4	pedair	dim	pedair cath	er bod 'pedair' yn fenywaidd **nid** yw'n treiglo ar ôl 'y'
5	pump	dim	pum cath	defnyddiwch 'pum' pan ddaw yn syth o flaen enw
6	chwech	TLl	chwe **ch**ath	defnyddiwch 'chwe' pan ddaw yn syth o flaen enw
7	saith	dim	saith cath	
8	wyth	dim	wyth cath	
9	naw	dim	naw cath	
10	deg	dim	deg cath	

The **Feminine** Numerals

	Feminine	Mutation	Example	Note
0	dim			
1	un	TM	un **g**ath	
2	dwy	TM	dwy **g**ath	'dwy' mutates after 'y': y **dd**wy gath
3	tair	none	tair cath	although 'tair' is feminine it does <u>not</u> mutate after 'y'
4	pedair	none	pedair cath	although 'pedair' is feminine it does <u>not</u> mutate after 'y'
5	pump	none	pum cath	'pump' becomes 'pum' when placed directly before a noun
6	chwech	TLl	chwe **ch**ath	'chwech' becomes 'chwe' when placed directly before a noun
7	saith	none	saith cath	
8	wyth	none	wyth cath	
9	naw	none	naw cath	
10	deg	none	deg cath	

Crynodeb

	ceiniog	car	pont	plentyn	tref	tad
un	geiniog	0	bont	0	dref	0
dau/dwy	dwy geiniog	dau gar	dwy bont	dau blentyn	dwy dref	dau dad
tri/tair	tair ceiniog	tri char	tair pont	tri phlentyn	tair tref	tri thad
pedwar/pedair	0	0	0	0	0	0

	gardd	gŵr	buwch	blodyn	dynes	dyn
un	ardd	0	fuwch	0	ddynes	0
dau/dwy	dwy ardd	dau ŵr	dwy fuwch	dau flodyn	dwy ddynes	dau ddyn
tri/tair	0	0	0	0	0	0
pedwar/pedair	0	0	0	0	0	0

	mam	mat	llaw	llais	rhaff	rhosyn
un	fam	0	0	0	0	0
dau/dwy	dwy fam	dau fat	dwy law	dau lais	dwy raff	dau rosyn
tri/tair	0	0	0	0	0	0
pedwar/pedair	0	0	0	0	0	0

Summary

	ceiniog	**car**	**pont**	**plentyn**	**tref**	**tad**
un	geiniog	0	bont	0	dref	0
dau/dwy	dwy geiniog	dau gar	dwy bont	dau blentyn	dwy dref	dau dad
tri/tair	tair ceiniog	tri char	tair pont	tri phlentyn	tair tref	tri thad
pedwar/ pedair	0	0	0	0	0	0

	gardd	**gŵr**	**buwch**	**blodyn**	**dynes**	**dyn**
un	ardd	0	fuwch	0	ddynes	0
dau/dwy	dwy ardd	dau ŵr	dwy fuwch	dau flodyn	dwy ddynes	dau ddyn
tri/tair	0	0	0	0	0	0
pedwar/ pedair	0	0	0	0	0	0

	mam	**mat**	**llaw**	**llais**	**rhaff**	**rhosyn**
un	fam	0	0	0	0	0
dau/dwy	dwy fam	dau fat	dwy law	dau lais	dwy raff	dau rosyn
tri/tair	0	0	0	0	0	0
pedwar/ pedair	0	0	0	0	0	0

Y rhifau 1–4 sy'n amrywio fwyaf:

	eg	*eg*	*eb*	*eb*	Sylwch
1	un	Yr un	un	Yr un	enw yn unig = 1: ci = *one dog*
2	dau	Y ddau	dwy	Y ddwy	maen nhw'n treiglo ar ôl 'Y'
3	tri	Y tri	tair	Y tair	**nid yw tair** yn treiglo ar ôl 'Y'
4	pedwar	Y pedwar	pedair	Y pedair	**nid yw pedair** yn treiglo ar ôl 'Y'

	eg	*eg*	*eb*	*eb*	Sylwch
					ac eithrio
1	un	ci	un	bunt/gath/deisen	ll a rh
2	dau	gi/blentyn/dad	dwy	bunt/gath/deisen	
3*	tri	chi/phlentyn/thad	tair	punt/cath/teisen	
4	pedwar	ci/plentyn/tad	pedair	punt/cath/teisen	

The numerals 1–4 have the largest number of variations:

	masculine	*masculine*	*feminine*	*feminine*	**Please note**
1	**un**	Yr un	**un**	Yr un	noun alone = 1: cath = one cat
2	**dau**	Y ddau	**dwy**	Y ddwy	Both mutate after 'Y'
3	**tri**	Y tri	**tair**	Y tair	**tair** does **not** mutate after 'Y'
4	**pedwar**	Y pedwar	**pedair**	Y pedair	**pedair** does **not** mutate after 'Y'

		masculine		*feminine*	**Note**
					Except
1	**un**	ci	**un**	bunt/gath/deisen	**ll** & **rh**
2	**dau**	gi/blentyn/dad	**dwy**	bunt/gath/deisen	
3*	**tri**	chi/phlentyn/thad	**tair**	punt/cath/teisen	
4	**pedwar**	ci/plentyn/ tad	**pedair**	punt/cath/teisen	

5-9

5	y pump	y pum	**pum** pan fydd enw yn ei ddilyn **pump** pan fydd ar ei ben ei hun **pump** o + enw lluosog
6	y chwech	y chwe	**chwe** pan fydd enw yn ei ddilyn **chwech** pan fydd ar ei ben ei hun **chwech** o + enw lluosog
7	y saith	y saith	**saith** o + enw lluosog
8	yr wyth	yr wyth	**wyth** o + enw lluosog
9	y naw	y naw	**naw** o + enw lluosog

[*pum cath; pum ci* → Faint o afalau? 'pump' **neu** 'pump o afalau'
chwe chath; chwe chi Faint o gathod? 'chwech' **neu** 'chwech o gathod']

1. **un** The same form is used for both masculine and feminine nouns

2. **chwe** triggers treiglad llaes in both masculine and feminine nouns

Treiglad Meddal (except 'll'; 'rh'): nouns following un (***feminine***)

Treiglad Meddal: dau and dwy following 'y'

Treiglad Meddal: nouns following dau and dwy

Treiglad Llaes: nouns following tri, chwe, chwe

pump, chwech become 'pum' and 'chwe' when placed before nouns

<u>No mutation</u> of tair and pedair following 'y'

blwydd: blynedd treiglad trwynol following 5, 6, 7, 8, 9, 10

5-9

5	y pump	y pum	**pum** is the form used before nouns **pump** if alone or not with a noun **pump o** + plural noun
6	y chwech	y chwe	**chwe** is the form used before nouns **chwech** if alone or not with a noun **chwech o** + plural noun
7	y saith	y saith	**saith o** + plural noun
8	yr wyth	yr wyth	**wyth o** + plural noun
9	y naw	y naw	**naw o** + plural noun

The numerals **tair, pedair, pum, chwe** trigger Treiglad Meddal in following adjectives, referring to feminine nouns, but withstand mutation themselves

y **tair** gas   y **pedair** gas   y **pum** gas   y **chwe** gas

y **tair** bert   y **pedair** bert   y **pum** bert   y **chwe** bert

y **tair** dew   y **pedair** dew   y **pum** dew   y **chwe** dew   etc.

10 – 14

	eg	*eb*	
10	deg/deng	deg/deng	**deg** yw'r ffurf arferol, daw **deng** o flaen rhai geiriau penodol
11	un ar ddeg	un ar ddeg	yr un rheolau ag 'un'
12	deuddeg	deuddeng	**deuddeg** yw'r ffurf arferol, daw **deuddeng** o flaen rhai geiriau penodol
13	tri ar ddeg	tair ar ddeg	yr un rheolau â 'tri' a 'tair'
14	pedwar ar ddeg	pedair ar ddeg	yr un rheolau â 'pedwar' a 'pedair'

Yn y drefn draddodiadol mae'r enw yn dilyn y rhifol cyntaf:

		eg		*eb*
10	deg	ci/plentyn/tad	deg	punt/cath/teisen
11	un ar ddeg	**un** ci/plentyn/tad **ar ddeg**	un ar ddeg	**un** bunt/gath/deisen **ar ddeg**
12	**deuddeg**	ci/plentyn/tad	**deuddeg**	punt/cath/teisen
13	tri ar ddeg	**tri** chi/phlentyn/thad **ar ddeg**	tair ar ddeg	**tair** punt/cath/teisen **ar ddeg**
14	pedwar ar ddeg	**pedwar** ci **ar ddeg**	pedair ar ddeg	**pedair** punt/cath/teisen **ar ddeg**

10 – 14

	masculine	feminine	
10	deg/deng	deg/deng	**deg** is the usual form, **deng** is used with a few specific words
11	un ar ddeg	un ar ddeg	the same rule as 'un'
12	deuddeg	deuddeng	**deuddeg** is the usual form, **deuddeng** is used with a few specific words
13	tri ar ddeg	tair ar ddeg	the same rule as 'tri', 'tair'
14	pedwar ar ddeg	pedair ar ddeg	the same rule as 'pedwar', pedair

In this formal system the noun follows the first numeral:

		masculine		feminine
10	deg	ci/plentyn/tad	deg	punt/cath/teisen
11	un ar ddeg	**un** ci/plentyn/tad **ar ddeg**	un ar ddeg	**un** bunt/gath/deisen **ar ddeg**
12	**deuddeg**	ci/plentyn/tad	**deuddeg**	punt/cath/teisen
13	tri ar ddeg	**tri** chi/phlentyn/thad **ar ddeg**	tair ar ddeg	**tair** punt/cath/teisen **ar ddeg**
14	pedwar ar ddeg	**pedwar** ci **ar ddeg**	pedair ar ddeg	**pedair** punt/cath/teisen **ar ddeg**

15 – 19

	eg	*eb*	
15	pymtheg	pymtheng *gw. 2 isod*	**pymtheg** yw'r ffurf arferol, daw **pymtheng** o flaen rhai geiriau penodol
16	un ar bymtheg	un ar bymtheg	yr un rheolau ag 'un'
17	dau ar bymtheg	dwy ar bymtheg	yr un rheolau â 'dau' a 'dwy'
18	**deunaw**	**deunaw**	eithriad
19	pedwar ar bymtheg	pedair ar bymtheg	yr un rheolau â 'pedwar' a 'pedair'

deg; deuddeg; pymtheg a deunaw

1. nid ydynt yn gwahaniaethu rhwng enwau gwrywaidd a benywaidd
2. nid ydynt yn achosi treiglad (ac eithrio 'deng' a 'pymtheng' yn achos *blwydd* a *blynedd*: 'deng mlwydd'; 'deng mlynedd'; 'pymtheng mlwydd'; 'pymtheng mlynedd')

Mae'r **rhifau cyfansawdd** eraill

    un ar ddeg
    tri ar ddeg/tair ar ddeg
    pedwar ar ddeg/pedair ar ddeg
    un ar bymtheg
    dau/dwy ar bymtheg
    pedwar ar bymtheg/pedair ar bymtheg

yn dilyn yr un rheolau â'r rhifau unigol

15 – 19

	masculine	feminine	
15	pymtheg	pymtheng *see 2 below*	**pymtheg** is the usual form, **pymtheng** is used with a few specific words
16	un ar bymtheg	un ar bymtheg	the same rule as 'un'
17	dau ar bymtheg	dwy ar bymtheg	the same rule as 'dau' and 'dwy'
18	**deunaw**	**deunaw**	this is an exception
19	pedwar ar bymtheg	pedair ar bymtheg	the same rule as 'pedwar' and 'pedair'

Deg; deuddeg; pymtheg and **deunaw**

1. Make no distinction between masculine and feminine forms
2. Trigger no mutation (with the exception of 'deng' and 'pymtheng' in the case of *blwydd* and *blynedd*: 'deng mlwydd'; 'deng mlynedd'; 'pymtheng mlwydd'; 'pymtheng mlynedd')

The **compound numerals**

    un ar ddeg
    tri ar ddeg/tair ar ddeg
    pedwar ar ddeg/pedair ar ddeg
    un ar bymtheg
    dau/dwy ar bymtheg
    pedwar ar bymtheg/pedair ar bymtheg

follow the rules for the single numbers

The traditional/formal numerical system 11–30
Masculine numerals

(TM Treiglad Meddal; TLl Treiglad Llaes)

	Traditional	Mutation triggered	Example	
11	un ar ddeg	none	un ci ar ddeg	'ar' triggers TM
12	deuddeg	none	deuddeg ci	
13	tri ar ddeg	TLl	tri **chi** ar ddeg	
14	pedwar ar ddeg	none	pedwar ci ar ddeg	
15	pymtheg	none	pymtheg ci	
16	un ar bymtheg		un ci ar bymtheg	
17	dau ar bymtheg	TM	dau **gi** ar bymtheg	'dau' mutates after 'y': y **dd**au **g**i ar bymtheg
18	deunaw	none	deunaw ci	
19	pedwar ar bymtheg	none	pedwar ci ar bymtheg	
20	ugain	none	ugain ci	

21	un ar **hugain**	none	un ci ar hugain	'ar' in this combination triggers an **Aspirate Mutation** (AM)
22	dau ar hugain	TM	dau **g**i ar hugain	TM after 'y'
23	tri ar hugain	TLl	tri **ch**i ar hugain	
24	pedwar ar hugain	none	pedwar ci ar hugain	
25	pump ar hugain	none	pum ci ar hugain	'pump' becomes 'pum' when placed directly before a noun
26	chwech ar hugain	TLl	chwe chi ar hugain	'chwech' becomes 'chwe' when placed directly before a noun
27	saith ar hugain	none	saith ci ar hugain	
28	wyth ar hugain	none	wyth ci ar hugain	yr wyth
29	naw ar hugain	none	naw ci ar hugain	
30	deg ar hugain	none	deg ci ar hugain	

The traditional/formal numerical system 11–30
Feminine numerals
(TM Treiglad Meddal; TLl Treiglad Llaes)

	Traditional	Mutation triggered	Example	Notes
11	un ar ddeg	TM	un **g**ath ar ddeg	'ar' triggers TM
12	deuddeg	none	deuddeg cath	
13	tair ar ddeg	none	tair cath ar ddeg	no mutation after 'y'
14	pedair ar ddeg	none	pedair cath ar ddeg	no mutation after 'y'
15	pymtheg	none	pymtheg cath	
16	un ar bymtheg	TM	un **g**ath ar bymtheg	
17	dwy ar bymtheg	TM	dwy **g**ath ar bymtheg	'dwy' mutates after 'y'
18	deunaw	none	deunaw cath	
19	pedair ar bymtheg	none	pedair cath ar bymtheg	no mutation after 'y'
20	ugain	none	ugain cath	

21	un ar hugain	TM	un **g**ath ar hugain	'ar' triggers an **Aspirate Mutation**
22	dwy ar hugain	TM	dwy **g**ath ar hugain	TM after 'y'
23	tair ar hugain	none	tair cath ar hugain	no mutation after 'y'
24	pedair ar hugain	none	pedair cath ar hugain	no mutation after 'y'
25	pump ar hugain	none	pum cath ar hugain	'pump' becomes 'pum' when placed directly before a noun
26	chwech ar hugain	TLl	chwe **ch**ath ar hugain	'chwech' becomes 'chwe' when placed directly before a noun
27	saith ar hugain	none	saith cath ar hugain	
28	wyth ar hugain	none	wyth cath ar hugain	yr wyth
29	naw ar hugain	none	naw cath ar hugain	
30	deg ar hugain	none	deg cath ar hugain	

Erbyn hyn ceir system symlach, gyfoes lle nad oes raid gwybod y cyfan o'r system draddodiadol. Wedi dweud hynny rhaid wrth yr hen system: hyd at 12 **yn gyffredinol**, hyd at 30 **wrth nodi faint o'r gloch** yw hi a hyd at 31 am **ddyddiadau fesul mis**.

Dewis rhwng y systemau

1. Yn gyffredinol os oes llai na **thair** rhan i'r rhifol, defnyddir y system draddodiadol, a'r system gyfoes pan fydd mwy na thair rhan, e.e. un ar hugain o ferched ond tri deg un o fechgyn.

2. Mae'r system gyfoes yn gofyn eich bod yn gwybod ffurf luosog yr enw

    rhif + o + enw lluosog
    un deg chwech   o   fechgyn
    un deg tri   o   fechgyn

3. Dyma'r patrwm mwyaf cyffredin erbyn hyn h.y. **o + enw lluosog**. Nid oes gan enw lluosog genedl, felly nid oes raid i'r rhif ddynodi cenedl y ffurf unigol, – *un deg **tri** o eglwysi, un deg **tri** o drefi, un deg **tri** o geiniogau*

Cedwir y system draddodiadol:
- am rifau hyd at 12 **yn gyffredinol**
- hyd at 30 **wrth nodi faint o'r gloch** yw hi a
- hyd at 31 am **ddyddiadau fesul mis**.

The traditional system can become quite cumbersome from 30 onwards. This became increasingly clear when dealing with mathematical and scientific subjects through the medium of Welsh and has resulted in the adoption of the decimal system which was in common use e.g. when announcing hymn numbers.

The traditional system remains in use:
- from 1–12 generally
- from 1–30 to tell the time
- from 1–31 for dates

A choice of systems

The traditional system is is not used if there are three or more components to the numeral, e.g. un ar hugain o ferched, but tri deg un o fechgyn.
The most favoured contemporary system is that of:

numeral + o + plural noun
un deg chwech   o   fechgyn
un deg tri   o   fechgyn

As the noun following 'o' is in its plural form, it has no gender and is not required to reflect the gender of the singular form, therefore – *un deg tri o eglwysi, un deg **tri** o drefi, un deg **tri** o geiniogau*

y systemau — the systems

	Traditional	Modern	Most common
11	un ar ddeg	un deg un	un deg un o fechgyn, un deg un o ferched
12	deuddeg	un deg dau	un deg dau o lyfrau, un deg dau o bunnoedd
13	tri/tair ar ddeg	un deg tri	un deg tri o gŵn, un deg tri o ddefaid
14	pedwar/pedair ar ddeg	un deg pedwar	un deg pedwar o fyrddau, un deg pedwar o gadeiriau
15	pymtheg	un deg pump	
16	un ar bymtheg	un deg chwech	
17	dau/dwy ar bymtheg	un deg saith	
18	deunaw	un deg wyth	
19	pedwar/pedair ar bymtheg	un deg naw	

20	ugain	dau ddeg	dau ddeg o fechgyn, dau ddeg o ferched
21	un ar hugain **Note**: *Aspirate mutation* here and in following	dau ddeg un	dau ddeg un o fechgyn, dau ddeg un o ferched
22	dau/dwy ar hugain	dau ddeg dau	dau ddeg dau o lyfrau, dau ddeg dau o bunnoedd
23	tri/tair ar hugain	dau ddeg tri	dau ddeg tri o gŵn, dau ddeg tri o ddefaid
24	pedwar/pedair ar hugain	dau ddeg pedwar	dau ddeg pedwar o fyrddau, dau ddeg pedwar o gadeiriau
25	pump ar hugain	dau ddeg pump	
26	chwech ar hugain	dau ddeg chwech	
27	saith ar hugain	dau ddeg saith	
28	wyth ar hugain	dau ddeg wyth	
29	naw ar hugain	dau ddeg naw	
30	deg ar hugain	tri deg	
31	un ar ddeg ar hugain	tri deg un	

Faint o'r gloch? What's the time?

North Gogledd	South De	**i** (to)
masculine	feminine	**wedi** (past)
un munud	un funud	*i/ wedi*
dau funud	dwy funud	*i/ wedi*
tri munud	tair munud	*i/ wedi*
pedwar munud	pedair munud	*i/ wedi*
pum munud	pum munud	*i/ wedi*
chwe munud	chwe munud	*i/ wedi*
saith munud	saith munud	*i/ wedi*
wyth munud	wyth munud	*i/ wedi*
naw munud	naw munud	*i/ wedi*
deng munud	deng munud	*i/ wedi*
un munud ar ddeg	un funud ar ddeg	*i/ wedi*
deuddeg munud	deuddeg munud	*i/ wedi*
tri munud ar ddeg	tair munud ar ddeg	*i/ wedi*
pedwar munud ar ddeg	pedair munud ar ddeg	*i/ wedi*
chwarter	chwarter	*i/ wedi*
un munud ar bymtheg	un funud ar bymtheg	*i/ wedi*
dau funud ar bymtheg	dwy funud ar bymtheg	*i/ wedi*

deunaw munud	deunaw munud	*i/ wedi*
pedwar munud ar bymtheg	pedair munud ar bymtheg	*i/ wedi*
ugain munud	ugain munud	*i/ wedi*
un munud ar hugain	un funud ar hugain	*i/ wedi*
dau funud ar hugain	dwy funud ar hugain	*i/ wedi*
tri munud ar hugain	tair munud ar hugain	*i/ wedi*
pedwar munud ar hugain	pedair munud ar hugain	*i/ wedi*
pum munud ar hugain	pum munud ar hugain	*i/ wedi*
chwe munud ar hugain	chwe munud ar hugain	*i/ wedi*
saith munud ar hugain	saith munud ar hugain	*i/ wedi*
wyth munud ar hugain	wyth munud ar hugain	*i/ wedi*
naw munud ar hugain	naw munud ar hugain	*i/ wedi*
hanner awr	hanner awr	*wedi*

Sut i rifo unrhyw beth
1–10 y rhifau traddodiadol

rhaid gwybod cenedl y gair

enw gwrywaidd

TM Treiglad Meddal **Treiglad** **TLl** Treiglad Llaes

1	un	dim	un ci
2	dau	TM	dau **gi**
3	tri	TLl	tri **chi**
4	pedwar	dim	pedwar ci
5	pump	dim	pum ci
6	chwech	TLl	chwe **chi**
7	saith	dim	saith ci
8	wyth	dim	wyth ci
9	naw	dim	naw ci
10	deg	dim	deg ci

How to count anything

use the traditional numerals 1 – 10

you need to know noun gender

masculine noun

TM Treiglad Meddal   **Mutation**   **TLl** Treiglad Llaes

1	un	dim	un ci
2	dau	TM	dau **gi**
3	tri	TLl	tri **chi**
4	pedwar	dim	pedwar ci
5	pump	dim	pum ci
6	chwech	TLl	chwe **chi**
7	saith	dim	saith ci
8	wyth	dim	wyth ci
9	naw	dim	naw ci
10	deg	dim	deg ci

Sut i rifo unrhyw beth

1-10 y rhifau traddodiadol

rhaid gwybod cenedl y gair

enw benywaidd

TM Treiglad Meddal   **Treiglad**   **TLl** Treiglad Llaes

1	un	TM	un **g**ath
2	dwy	TM	dwy **g**ath
3	tair	dim	tair cath
4	pedair	dim	pedair cath
5	pump	dim	pum cath
6	chwech	TLl	chwe **ch**ath
7	saith	dim	saith cath
8	wyth	dim	wyth cath
9	naw	dim	naw cath
10	deg	dim	deg cath

Sut i rifo unrhyw beth

1–10 y rhifau traddodiadol

rhaid gwybod cenedl y gair

feminine noun

TM Treiglad Meddal   **Mutation**   **TLl** Treiglad Llaes

1	un	TM	un **g**ath
2	dwy	TM	dwy **g**ath
3	tair	dim	tair cath
4	pedair	dim	pedair cath
5	pump	dim	pum cath
6	chwech	TLl	chwe **ch**ath
7	saith	dim	saith cath
8	wyth	dim	wyth cath
9	naw	dim	naw cath
10	deg	dim	deg cath

11-100

11-100 defnyddiwch y system gyfoes

rhaid gwybod ffurf luosog y gair
(does dim cenedl gan enwau lluosog)

defnyddiwch ffurf luosog gan dreiglo yn dilyn 'o'

11 – 100 use the contemporary system

you need to know noun plural forms
(Welsh noun plural forms are gender free)

use the noun plural form and observe the mutation after 'o'

11	un deg un o bunnau		44	pedwar deg pedwar
12	un deg dau o bunnau		45	pedwar deg pump
13	un deg tri o bunnau		46	pedwar deg chwech
14	un deg pedwar o bunnau		47	pedwar deg saith
15	un deg pump o bunnau		48	pedwar deg wyth
16	un deg chwech o bunnau		49	pedwar deg naw
17	un deg saith o bunnau		50	pum deg o bunnau
18	un deg wyth o bunnau		51	pum deg un etc
19	un deg naw o bunnau		52	pum deg dau
20	dau ddeg o bunnau		53	pum deg tri
21	dau ddeg un etc		54	pum deg pedwar
22	dau ddeg dau		55	pum deg pump
23	dau ddeg tri		56	pum deg chwech
24	dau ddeg pedwar		57	pum deg saith
25	dau ddeg pump		58	pum deg wyth
26	dau ddeg chwech		59	pum deg naw
27	dau ddeg saith		60	chwe deg o bunnau
28	dau ddeg wyth		61	chwe deg un etc
29	dau ddeg naw		62	chwe deg dau
30	tri deg o bunnau		63	chwe deg tri
31	tri deg un etc		64	chwe deg pedwar
32	tri deg dau		65	chwe deg pump
33	tri deg tri		66	chwe deg chwech
34	tri deg pedwar		67	chwe deg saith
35	tri deg pump		68	chwe deg wyth
36	tri deg chwech		69	chwe deg naw
37	tri deg saith		70	saith deg o bunnau
38	tri deg wyth		71	saith deg un etc
39	tri deg naw		72	saith deg dau
40	pedwar deg o bunnau		73	saith deg tri
41	pedwar deg un etc		74	saith deg pedwar
42	pedwar deg dau		75	saith deg pump
43	pedwar deg tri		76	saith deg chwech

77	saith deg saith	cant	a deg o bunnau
78	saith deg wyth	cant	dau ddeg un o bunnau
79	saith deg naw	cant	dau ddeg dau o bunnau
80	wyth deg o bunnau	cant	dau ddeg tri o bunnau
81	wyth deg un etc	cant	dau ddeg pedwar o bunnau
82	wyth deg dau	cant	dau ddeg pump o bunnau
83	wyth deg tri	cant	dau ddeg chwech o bunnau
84	wyth deg pedwar	cant	dau ddeg saith o bunnau
85	wyth deg pump	cant	dau ddeg wyth o bunnau
86	wyth deg chwech	cant	dau ddeg naw o bunnau
87	wyth deg saith	cant	tri deg o bunnau
88	wyth deg wyth	cant	tri deg un o bunnau
89	wyth deg naw	cant	tri deg dau o bunnau
90	naw deg o bunnau	cant	tri deg tri o bunnau
91	naw deg un etc	cant	tri deg pedwar o bunnau
92	naw deg dau	cant	tri deg pump o bunnau
93	naw deg tri	cant	tri deg chwech o bunnau
94	naw deg pedwar	cant	tri deg saith o bunnau
95	naw deg pump	cant	tri deg wyth o bunnau
96	naw deg chwech	cant	tri deg naw o bunnau
97	naw deg saith	cant	pedwar deg o bunnau
98	naw deg wyth	cant	pedwar deg un o bunnau
99	naw deg naw	cant	pedwar deg dau o bunnau
100	Cant o bunnau / can punt	cant	pedwar deg tri o bunnau
cant	ac un o bunnau	cant	pedwar deg pedwar o bunnau
cant	a dau o bunnau	cant	pedwar deg pump o bunnau
cant	a thri o bunnau	cant	pedwar deg chwech o bunnau
cant	a phedwar o bunnau	cant	pedwar deg saith o bunnau
cant	a phump o bunnau	cant	pedwar deg wyth o bunnau
cant	a chwech o bunnau	cant	pedwar deg naw o bunnau
cant	a saith o bunnau	cant	pum deg punt
cant	ac wyth o bunnau	cant	pum deg un o bunnau
cant	a naw o bunnau	cant	pum deg dau o bunnau

cant	pum deg tri o bunnau	cant	wyth deg chwech o bunnau
cant	pum deg pedwar o bunnau	cant	wyth deg saith o bunnau
cant	pum deg a phump o bunnau	cant	wyth deg wyth o bunnau
cant	pum deg chwech o bunnau	cant	wyth deg naw o bunnau
cant	pum deg saith o bunnau	cant	naw deg punt
cant	pum deg wyth o bunnau	cant	naw deg un o bunnau
cant	pum deg naw o bunnau	cant	naw deg dau o bunnau
cant	chwe deg punt	cant	naw deg tri o bunnau
cant	chwe deg un o bunnau	cant	naw deg pedwar o bunnau
cant	chwe deg dau o bunnau	cant	naw deg pump o bunnau
cant	chwe deg tri o bunnau	cant	naw deg chwech o bunnau
cant	chwe deg pedwar o bunnau	cant	naw deg saith o bunnau
cant	chwe deg pump o bunnau	cant	naw deg wyth o bunnau
cant	chwe deg chwech o bunnau	cant	naw deg naw o bunnau
cant	chwe deg saith o bunnau		dau gan punt /dau gant o bunnau
cant	chwe deg wyth o bunnau		tri chant o bunnau
cant	chwe deg naw o bunnau		pedwar cant o bunnau
cant	saith deg punt		pum cant o bunnau
cant	saith deg un o bunnau		chwe chant o bunnau
cant	saith deg dau o bunnau		saith cant/gant o bunnau
cant	saith deg tri o bunnau		wyth cant/gant o bunnau
cant	saith deg pedwar o bunnau		naw cant o bunnau
cant	saith deg pump o bunnau		mil o bunnau
cant	saith deg chwech o bunnau		deng mil o bunnau
cant	saith deg saith o bunnau		**dau/dwy** filiwn o bunnau
cant	saith deg wyth o bunnau		
cant	saith deg naw o bunnau		
cant	wyth deg punt		
cant	wyth deg un o bunnau		
cant	wyth deg dau o bunnau		
cant	wyth deg tri o bunnau		
cant	wyth deg pedwar o bunnau		
cant	wyth deg pump o bunnau		

Counting years

	blwydd	blynedd
1	no need for 'un'	
2	dwy flwydd	dwy flynedd
3	tair blwydd	tair blynedd
4	pedair blwydd	pedair blynedd
5	pum **mlwydd**	pum **mlynedd**
6	chwe **mlwydd**	chwe **mlynedd**
7	saith mlwydd oed	saith **mlynedd**
8	wyth mlwydd oed	wyth **mlynedd**
9	naw mlwydd oed	naw **mlynedd**
10	deng mlwydd oed	deng **mlynedd**
11	un ar ddeg oed	un **mlynedd** ar ddeg
12	deuddeg oed	**deuddeng mlynedd**
13	**tair** ar ddeg	tair blynedd ar ddeg
14	**pedair** ar ddeg	pedair blynedd ar ddeg
15	pymtheg	**pymtheng mlynedd**
16	un ar bymtheg	un mlynedd ar bymtheg
17	**dwy** ar bymtheg	dwy flynedd ar bymtheg
18	deunaw oed	deunaw **mlynedd**
19	**pedair** ar bymtheg	pedair blynedd ar bymtheg
20	**ugain** oed	ugain mlynedd

21	un ar hugain	un mlynedd ar hugain
22	dwy ar hugain	dwy *etc.*
23	**tri** ar hugain	tair
24	**pedwar** ar hugain	pedair
25	etc.	etc.
26	**chwech** ar hugain	chwe mlynedd ar hugain
27		saith mlynedd ar hugain
28		wyth mlynedd ar hugain
29		naw mlynedd ar hugain
30		deng mlynedd ar hugain
31		un mlynedd ar ddeg ar hugain
32	tri deg dwy	deuddeng mlynedd ar hugain
33	*tri deg tri*	tair blynedd ar ddeg ar hugain
34	*tri deg pedwar*	pedair blynedd ar ddeg ar hugain
35		pymtheng mlynedd ar hugain
36		**tri deg chwech** o flynyddoedd
37		**tri deg saith** o flynyddoedd
38		**tri deg wyth** o flynyddoedd
39		**tri deg naw** o flynyddoedd
40		**deugain mlynedd**
41	pedwar deg un	pedwar deg un o flynyddoedd etc.

42	*pedwar deg dau*	
43	*pedwar deg tri*	
44	*pedwar deg pedwar*	
etc.	etc.	
50	hanner cant	hanner can mlynedd
60	trigain	trigain mlynedd
70	saith deg	saith deg mlynedd

Please note:

The way **'blynedd'** mutates from **5 onwards**
and the following forms used with **diwrnod; blwydd** and **blynedd:**

deng niwrnod; mlwydd; mlynedd
deuddeng niwrnod; mlwydd; mlynedd
pymtheng niwrnod; mlwydd; mlynedd

gwaith	
unwaith	once
dwywaith	twice
tair gwaith	three times etc.
pedair gwaith	
pum gwaith	
chwe gwaith	
seithwaith	
wyth waith	
naw gwaith	

Ordinal numerals ; Trefnolion

		bachgen	merch	
1st	cyntaf	y (bachgen) cyntaf	y (ferch) gyntaf	1af
	unfed	in compound numbers	in compound numbers	
2nd	ail	yr ail (fachgen)	yr ail (ferch)	2il
3rd	trydydd	y trydydd (bachgen)		3ydd
3rd	**trydedd**		y drydedd (ferch)	3edd
4th	pedwerydd	y pedwerydd (bachgen)		4ydd
4th	**pedwaredd**		y bedwaredd (ferch)	4edd
5th	pumed	y pumed (bachgen)	y bumed (ferch)	5ed
6th	chweched	y chweched (bachgen)	y chweched (ferch)	6ed
7th	seithfed	y seithfed (bachgen)	y seithfed (ferch)	7fed
8th	wythfed	yr wythfed (bachgen)	yr wythfed (ferch)	8fed
9th	nawfed	y nawfed (bachgen)	y nawfed (ferch)	9fed
10th	degfed	y degfed (bachgen)	y ddegfed (ferch)	10fed

11th	unfed ar ddeg	yr unfed (bachgen) ar ddeg	yr unfed (ferch) ar ddeg	11eg
12th	deuddegfed	y deuddegfed (bachgen)	y ddeuddegfed (ferch)	12fed
13th	trydydd ar ddeg	y trydydd (bachgen) ar ddeg		13eg
13th	**trydedd** ar ddeg		y drydedd (ferch) ar ddeg	13eg
14th	pedwerydd ar ddeg	y pedwerydd (bachgen) ar ddeg		14eg
14th	**pedwaredd** ar ddeg		y bedwaredd (ferch) ar ddeg	14eg
15th	pymthegfed	y pymthegfed (bachgen)	y bymthegfed (ferch)	15fed
16th	unfed ar bymtheg	yr unfed (bachgen) ar bymtheg	yr unfed (ferch) ar bymtheg	16eg
17th	ail ar bymtheg	yr ail (fachgen) ar bymtheg	yr ail (ferch) ar bymtheg	17eg
18th	deunawfed	y deunawfed (bachgen)	y ddeunawfed (ferch)	18fed
19th	pedwerydd ar bymtheg	y pedwerydd (bachgen) ar bymtheg		19eg
19th	**pedwaredd** ar bymtheg		y bedwaredd (ferch) ar bymtheg	19eg
20th	ugeinfed	yr ugeinfed (bachgen)	yr ugeinfed (ferch)	20fed

21st	unfed ar hugain	yr unfed (bachgen) ar hugain	yr unfed (ferch) ar hugain	21ain
22nd	ail ar hugain	yr ail (fachgen) ar hugain	yr ail (ferch) ar hugain	22ain
23rd	trydydd ar hugain	y trydydd (bachgen) ar hugain		23ain
23rd	**trydedd** ar hugain		y drydedd (ferch) ar hugain	23ain
24th	pedwerydd ar hugain	y pedwerydd (bachgen) ar hugain		24ain
24th	**pedwaredd** ar hugain		y bedwaredd (ferch) ar hugain	24ain
25th	pumed ar hugain	y pumed (bachgen) ar hugain	y bumed (ferch) ar hugain	25ain
26th	chweched ar hugain	y chweched (bachgen) ar hugain	y chweched (ferch) ar hugain	26ain
27th	seithfed ar hugain	y seithfed (bachgen) ar hugain	y seithfed (ferch) ar hugain	27ain
28th	wythfed ar hugain	yr wythfed (bachgen) ar hugain	yr wythfed (ferch) ar hugain	28ain
29th	nawfed ar hugain	y nawfed (bachgen) ar hugain	y nawfed (ferch) ar hugain	29ain

30th	degfed ar hugain	y degfed (bachgen) ar hugain	y ddegfed (ferch) ar hugain	30ain
31st	unfed ar ddeg ar hugain	yr unfed (bachgen) ar ddeg ar hugain	yr unfed (ferch) ar ddeg ar hugain	31ain
32nd	deuddegfed ar hugain	y deuddegfed (bachgen) ar hugain	y ddeuddegfed (ferch) ar hugain	32ain
33rd	**trydedd** ar ddeg ar hugain	y trydydd (bachgen) ar ddeg ar hugain		33ain
33rd	trydedd ar ddeg ar hugain		y drydedd (ferch) ar ddeg ar hugain	33ain
34th	pedwerydd ar ddeg ar hugain	y pedwerydd (bachgen) ar ddeg ar hugain		34ain
34th	**pedwaredd** ar ddeg ar hugain		y bedwaredd (ferch) ar ddeg ar hugain	34ain
35th	pumed ar ddeg ar hugain	y pumed (bachgen) ar ddeg ar hugain	y bumed (ferch) ar ddeg ar hugain	35ain
36th	chweched ar ddeg ar hugain	y chweched (bachgen) ar ddeg ar hugain	y chweched (ferch) ar ddeg ar hugain	36ain
37th	seithfed ar ddeg ar hugain	y seithfed (bachgen) ar ddeg ar hugain	y seithfed (ferch) ar ddeg ar hugain	37ain

38th	wythfed ar ddeg arhugain	yr wythfed (bachgen) ar ddeg arhugain	yr wythfed (ferch) ar ddeg arhugain	38ain
39th	nawfed ar ddeg ar hugain	y nawfed (bachgen) ar ddeg ar hugain	nawfed (ferch) ar ddeg ar hugain	39ain
40th	deugeinfed			

Dyddiadau Use these to write dates:

Ionawr 1af — Y cyntaf o Ionawr

Chwefror 28ain — Yr wythfed ar hugain o Chwefror

Gorffennaf 31ain — Yr unfed ar ddeg ar hugain o Orffennaf

Blynyddoedd

Up to the year 2000 it was a straightforward matter of individual numerals

1759	un saith pump naw
1968	un naw chwech wyth
1903	un naw dim tri
2000	dwy fil
2001	dwy fil ac un
2002	dwy fil a dwy/thair/phedair (old system)
2011	dwy fil un deg un
2012	dwy fil un deg dau
2013	dwy fil un deg tri/pedwar
2022	dwy fil dau ddeg dau
2023	dwy fil dau ddeg tri

The Metric System

centimetr (cm)	rhif	metr (m)
centimetr/ un centimetr	1	metr/un metr
dau gentimetr	2	dau fetr
tri chentimetr	3	tri metr
pedwar centimetr	4	pedwar metr
pum centimetr	5	pum metr
chwe chentimetr	6	chwe metr
saith centimetr	7	saith metr
wyth centimetr	8	wyth metr
naw centimetr	9	naw metr
deg centimetr	10	deg metr

cilometr : cilometrau
cilogram: cilogramau

When writing numbers use **the abbreviations**

1 cm m km kg

2 cm m km kg *etc.*

Ffracsiynau : Fractions

½	hanner	¾	tri chwarter
⅓	trydedd ran/ un rhan o dair/ traean	⅛	wythfed ran
⅔	dwy ran o dair/ deuparth	⅜	tri wythfed
¼	chwarter/ un rhan o bedair	⁷⁄₁₆	saith dros un ar bymtheg